今日からはじめる！
マインクラフト
建築 ❤ 入門BOOK

文・構成 **菅原嘉子**

監修 **タツナミシュウイチ**
プロマインクラフター／
東京大学大学院情報学環客員研究員／
マイクロソフト認定教育イノベーターFELLOW

協力 **Minecraftカップ運営委員会事務局**

はじめに（おうちの方へ）

この本では、「Minecraft カップ」にチャレンジすることを最終目標に、家庭用ゲーム機ではなく、パソコンを使った Java 版 Minecraft の解説からスタートしています。まずはパソコンでの操作に慣れ、「Minecraft カップ」にチャレンジする際には、教育版マインクラフトを使って参加してみてください。そのために必要なステップを、本書では章ごとに説明しています。

Minecraft の世界へようこそ！

Minecraft は、すべてが立方体のブロックでつくられた世界で、自由に遊べるゲームです。プレイヤーが好きなように冒険し、挑戦し、世界をつくり上げることができます。

一般的なゲームのように、「ラスボス」を倒しても終わりにはならず、さらなる冒険やクリエイトができます。また、機能やアイテムなどがアップデートされ続けており、遊び方の幅が広がってきています。

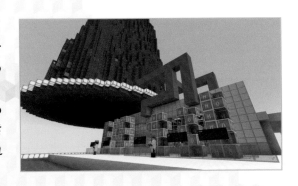

Minecraft について基本から学べる

本書では、Minecraft の導入から、建築の基本、そしてレッドストーン回路やコマンドといった、ちょっと難しめなワザまで、遊びながら学べるようになっています。

学んでいくうちに、「もっと難しいことにチャレンジしたい」と思ったら、ぜひ「Minecraft カップ」に参加してみましょう。

作品づくりの目標にもなる「Minecraft カップ」

Minecraft の作品のコンテストである Minecraft カップは、2023 年で 5 回目の開催を迎えました。環境問題や SDGs などのテーマを、Minecraft の作品で表現することで、問題解決能力や他者とのコラボレーションといった、さまざまな能力を身につけられるようになります。

個性き活かして Minecraft カップに挑戦き！

Minecraft カップのコンセプトは、「ひとりひとりが可能性に挑戦できる場所」。どんなお子さんにとっても、Minecraft がそれぞれの個性や能力を発揮できる場となるように願っています。

監修者のことば

おばんでございます！マイクラおじさんタツナミでございます。マイクラ建築で、多くの大人に認められた日本一のクラフターになれるとしたら？やらない理由は無いでしょう！
　この本はあなたの「マイクラ建築」を「社会貢献できて大人を動かすマイクラ建築」にレベルアップさせる本です。しっかり読み込めば、大人達の度肝を抜く次のクラフターになるのはあなただ！

マイクラおじさんこと
タツナミシュウイチ

もくじ

ミッション

0

マインクラフト
Minecraft で
ミッションをクリアしよう！

Minecraftで「ミッション」にチャレンジ！

Minecraftは何でも自由にできるゲーム。
Minecraftカップに挑戦することを目標に、ミッションにチャレンジしてみよう！

4つのミッションって？

4つのミッションをクリアすると、
Minecraftの作品づくりができるようになるぞ！

ミッション 1
住んでみたい「家」を建てよう！

基本の家づくりをマスター！

ミッション 2
「未来の学校」をつくろう！

大きな学校をつくってみよう。

ようこそ我らの学校へ
未来予想図

マイ うんちく　4つのミッションは、過去のMinecraftカップのテーマがもとになっている。

ミッション **3**

生き物と人がつながる「建物」をつくろう！

本やネットで調べものをしよう。

ミッション **4**

わたしたちの「まち」をプレゼンしよう！

まちづくりをしてプレゼンだ！

すべてのミッションを終えたら……

最後はいよいよチャレンジ！

ミッション **∞**

「Minecraftカップ」にチャレンジしよう！

ミッション **0** Minecraftでミッションをクリアしよう！

マイ うんちく ∞は「無限大」のことで、ローマ数字で 1000 を表す ⚻ からつくられた。

最終目標は「Minecraft カップ」出場！

4つのミッションをクリアして、Minecraftでの作品づくりをマスターできたら、「Minecraftカップ」にチャレンジだ！

「Minecraft カップ」とは？

「Minecraft カップ」では、デジタルなものづくりを通して、いろんな可能性を試せるよ！

テーマを考え、大人の想像を超える作品をMinecraft の中でつくり上げていくぞ！

マイ うんちく 「Minecraft カップ」は、2019年から始まった。

どんなワールドをつくるか、考えることも「Minecraft カップ」の楽しみのひとつ。

参加は一人でも、グループ（30人まで）でも OK だ！

「Minecraft カップ」では、教育版マインクラフトを使うよ。

MINECRAFT EDUCATION
Get smarter!

プレイ

新作＆注目作品

設定

アカウントの管理

「Minecraft カップ」については、「ミッション∞」（105ページ〜）で紹介している。要チェックだ！

マイ うんちく　「Minecraftカップ」の参加人数は、のべ14,191名。集まった作品は、のべ1,524作品。

Minecraft の 「クリエイティブモード」とは？

この本では、Minecraftの中の「クリエイティブモード」でプレイするよ。
そこでのワールドのつくり方を見てみよう！

「ゲームモード」ってなに？

ゲームモードは、Minecraft の遊び方の設定のこと。
Java版で出てくるゲームモードは、次の3つだよ。

サバイバル

自分でアイテムを手に入れたり、敵と戦ったりして、冒険できるモード。

クリエイティブ

自由にアイテムを出せるモード。敵が攻撃してこないので、建築にはぴったり。

ハードコア

命が1つしかなく、一度死んだらゲームが終わってしまう、厳しいモード。

　マイ うんちく　ハードコアモードで、5年間もプレイし続けたプレイヤーがいる。

クリエイティブインベントリ

「インベントリ」は、持っているブロックやアイテムを管理する画面のことだよ。

クリエイティブモードのインベントリでは、
ほとんどのブロックがいくつでも自由に使えるんだ。
まずは画面の見方をおぼえよう。

ブロックタブ
素材や性質でブロックを分類している。

ホットバー
ゲーム画面の下に表示される、9つのアイテムスロットにあるもの。

検索バー
ブロックなどの素材を探すときに使う。

道具などのタブ
道具や武器を選ぶ。ホットバーに置けば、手に持って使うことができる。

(Java版より)

―――クリエイティブモード専用のアイテムの例―――

スポーンエッグ
いろんなモブを出現させることができる。

エンドポータルフレーム
エンダードラゴンがいる「ジ・エンド」への入り口をつくれる。

マイ うんちく　インベントリは、サバイバルインベントリにも変えることができる。

クリエイティブモードのここがすごい！

クリエイティブモードには、ほかのモードにはない特徴があるんだ。

\ 空を飛べる！ /

ジャンプボタンで
ひとっ飛び！

\ モブが攻撃してこない！ /

モブと戦ったり、追い払っ
たりしなくてもOK！

\ おなかがすかない！ /

サバイバルモード

体力ゲージと満
腹ゲージが減っ
ていく。

クリエイティブモード

体力ゲージと満腹
ゲージがないんだ。

マイ うんちく　ブロックの砕きやすいのもクリエイティブモードの特徴。

クリエイティブモードで プレイするには？

クリエイティブモードでのプレイ方法を説明するよ！（Java版）

① Minecraft を起動して「シングルプレイ」を選ぶ

② 好きな「ワールド名」をつける

ワールド名はあとから変更もできるるから、じっくり考えても OK だよ！

保護者の方へ

本書では、Java版 Minecraft にもとづいて操作の説明をしております。
Java版 Minecraft の購入およびインストール、操作につきましては、保護者の方が立ち合いのもとで行っていただけますよう、お願いいたします。

次のページに続く

マイ うんちく 「マルチプレイ」は、１つのワールドを複数人で遊ぶ方法。

③ 「ゲームモード」を 「クリエイティブ」にする

ゲーム設定　　　ワールド設定　　　その他の設定

ワールド名

わたしのワールド

ゲームモード：クリエイティブ

難易度：ノーマル

チートの許可：オン

ワールド新規作成　　　　キャンセル

④ 「チートの許可」を オンにする

ゲーム設定　　　ワールド設定　　　その他の設定

ワールド名

わたしのワールド

ゲームモード：クリエイティブ

難易度：ノーマル

チートの許可：オン

ワールド新規作成　　　　キャンセル

⑤ 「ワールド設定」から ワールドタイプを変更する

この本では、「スーパーフラット」というワールドタイプを使うよ。

ここで「スーパーフラット」を選択しよう！

ゲーム設定　　　ワールド設定　　　その他の設定

ワールドタイプ：デフォルト　　　カスタマイズ

ワールド生成のシード値

空白でランダムシード値

構造物の生成　　　　　　　オン

ボーナスチェスト　　　　　オフ

ワールド新規作成　　　　キャンセル

ゲーム設定　　　ワールド設定　　　その他の設定

ワールドタイプ：スーパーフラット　　　カスタマイズ

ワールド生成のシード値

空白でランダムシード値

構造物の生成　　　　　　　オン

ボーナスチェスト　　　　　オフ

ワールド新規作成　　　　キャンセル

　　　マイ うんちく　　チートを「オン」にすることで、コマンドを打ち込めるようになる。

「ワールドタイプ」って？

ワールドの地形のタイプのことで、基本の「デフォルト」や、
ここで紹介した「スーパーフラット」以外にも、いくつかの種類があるよ。

難易度を「ピースフル」
にすると、敵対モブが
出なくなり集中して
作業できるぞ。

「スーパーフラット」は初心者におすすめ！

真っ平な地形なので、初心者でも簡単に建築を始めることができるよ。

デフォルト

基本の地形。

大きなバイオーム

デフォルトを引き延ばしたワールド。

アンプリファイド

雲より高い地形。

次のページに続く

マイ うんちく　Java版以外では「スーパーフラット」は「フラット」と呼ばれている。

⑥「ワールド新規作成」を選ぶ

ゲーム設定　　　　　ワールド設定　　　　　その他の設定

ワールドタイプ：スーパーフラット　　　カスタマイズ

ワールド生成のシード値

構造物の生成　　　　　　　　　　　　　オン

ボーナスチェスト　　　　　　　　　　　オフ

ワールド新規作成　　　　　　キャンセル

これで準備完了！　さぁ、ワールドづくりに出かけよう！

操作方法のキホン！

Java版はキーボードとマウスで操作する。ここでは、基本となるキーボードとマウスの使い方を紹介するよ！

移動	Wキー（前進）、Sキー（後退）、Aキー（左へ）、Dキー（右へ）
ジャンプ	スペースキー（2回押すと飛行、さらに2回押すと降下）
視点切り替え	F5キー
視点の移動	マウスを動かす
インベントリを出す	Eキー
ホットバー内の選択	1～9の数字キー、またはマウスのホイール
メニュー画面	Escキー
画面表示を消す	F1キー
ブロックを置く	マウスの右クリック
ブロックを壊す	マウスの左クリック

操作に慣れるまで、がんばってみよう！

マイ うんちく　スーパーフラット以外ではランダムで気候帯（バイオーム）がつくられる。

ミッション

1

住んでみたい 「家」を建てよう！

「家」で建築の基本を知ろう

何でもつくれるMinecraftの世界。

まずはキミが住んでみたい「家」をつくりながら、

建築の基本を学んでみよう！

家の建て方の順番を知ろう

どんな建築でも、①〜⑧の順でつくるのが基本なんだ。

建築の前には、建てる家をイメージしたり、設計図を描いたりしておくよ。

① 床面

つくりかた 28ページ

家の土台となる部分。じょうぶそうなブロックを使ってみよう。

② 柱

つくりかた 28ページ

家を支える柱は、どこに置くかを設計図で決めておくよ。

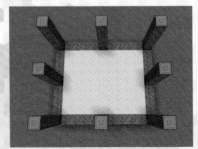

③ 梁

つくりかた 29ページ

柱の間をつなぐ部分のこと。これで家の枠組みができる！

マイ うんちく 実際に建築を始める前に、つくりたい建物をイメージしてみよう。

④ 棟 (むね)

つくりかた　31ページ

家の屋根の一番上（頂上）の部分。屋根をつくる土台にもなるよ。

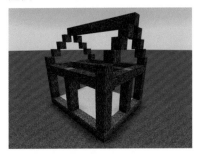

⑤ 屋根 (やね)

つくりかた　31〜34ページ

屋根の形や色合いで、建築のイメージが変わるよ。

⑥ 壁 (かべ)

つくりかた　34ページ

家のもっとも大きな面積をしめる部分。窓やドアもつけよう。

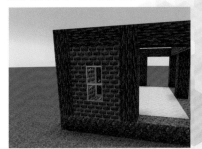

⑦ 内装 (ないそう)

つくりかた　36〜38ページ

家の中をかざろう。いろんな家具もつくりたいね。

⑧ 家まわり (いえ)

つくりかた　39ページ

家のまわりに庭や花だん、柵をつくってみよう。

この流れでつくるのが、正しい建築なんだ！

マイ うんちく　実際の建築現場でも、①〜⑧の流れでつくっているよ。

ブロックについて知ろう

Minecraftのクリエイティブモードでは、
すべてのブロックを無制限で使える。
どんなブロックがあるのか、見てみよう!

ブロックの種類

Minecraft で使うブロックには、たくさんの種類がある。
ここではその一部を紹介するよ!

石のブロック

石　丸石

砂岩　赤い砂岩

黒曜石　アメジスト

木材のブロック

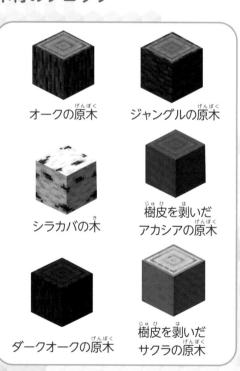

オークの原木　ジャングルの原木

シラカバの木　樹皮を剥いだ
アカシアの原木

ダークオークの原木　樹皮を剥いだ
サクラの原木

マイ うんちく　石や木のブロックには2分の1サイズの「ハーフブロック」もある。

植物のブロック

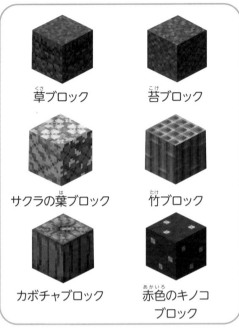

草ブロック　　　苔ブロック

サクラの葉ブロック　　竹ブロック

カボチャブロック　　赤色のキノコ
ブロック

建材のブロック

ガラスブロック　　　オークの階段

レンガブロック　　　トウヒのドア

オークのフェンス　　花崗岩の塀

家具のブロック

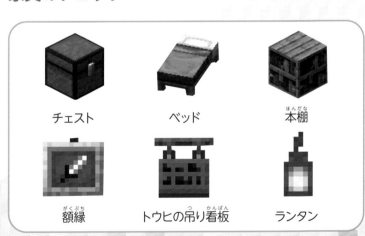

チェスト　　　　ベッド　　　　本棚

額縁　　トウヒの吊り看板　　ランタン

ほかにも書き切れな
いぐらい、たくさん
の種類があるぞ！

マイ うんちく　1つのブロックは、各辺が 1m の立方体という設定になっている。

設計図を描いてみよう

「家をつくろう！」と、いきなりブロックを
配置しても、うまくいかないことも多いんだ。
だから、まずは設計図を描いてみよう。

つくりたい家をイメージしよう

どんな家をつくりたいかを、イラストで描くなどして
イメージしてみよう。

> どんな形の家に
> する？

Minecraft カップ 2021 応募作品

コング＿野生

> どんなブロックを
> 使う？

Minecraft カップ 2021 応募作品

そうすけかいと

家のサイズを決めよう

家の正面と裏、左右のデザインを考えたら、家の高さや幅を決めよう。

こんな感じで絵にしてみると、より具体的になるぞ！

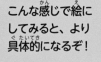

正面と裏

左右

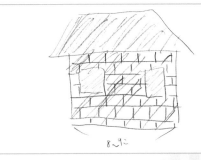

方眼紙でブロック数を考えてみると便利だよ！

デザインアイデアメモ

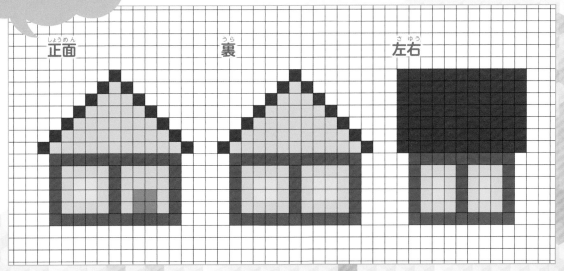

正面　　裏　　左右

床面のサイズを決めよう

床面は、建築の基礎になる部分だ。柱をどこに置くかを考えてみよう。

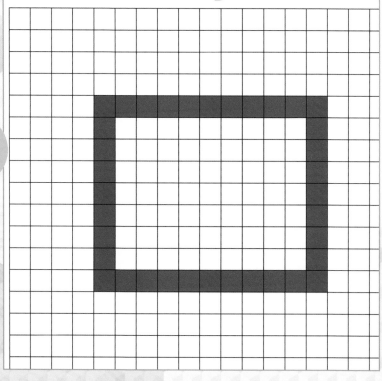

柱をどこに置くかを決めるのがポイント！

設計メモ

方眼紙で床面のブロックの数を決めるとわかりやすい！

ここでの床面のブロック数は、屋根づくりのため、タテ・ヨコともに奇数にしている。奇数だと中心になる柱が立てやすく、偶数だとシンメトリー（左右対称）な建築がつくりやすいんだ。

マイ うんちく　ブロックの配置を考えるのは、算数の図形の勉強にもなるぞ。

使うブロックを決めよう

同じ形の建物でも、使うブロックで
イメージが変わるんだ。

ブロックの種類を
変えればいろんな
アレンジができるぞ！

\ 石と木のブロックを /
ミックスさせて

\ サンタクロースが /
住んでいそう!?

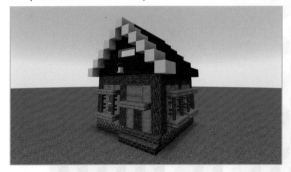

\ いろんな「白」を /
組み合わせてリッチに！

家を建てよう

さぁ、いよいよ建築開始！
まずは、屋根の下にある、家の本体部分の
枠組み建築からチャレンジしてみよう！

家の本体部分からスタート

ここでは、家のつくり方を「本体部分」と
「屋根」に分けて説明していくよ。

> 屋根と壁のつくり方は、
> 30ページから説明するよ！

屋根

本体部分

> まずはこの「本体部分」の
> 枠組みのつくり方から説
> 明するよ！

マイ うんちく　1つの建物を、いくつかの部分に分けてつくるとうまくいくよ。

基本操作を覚えよう

Minecraftでの建築に必要な
基本操作を確認だ！

① 使うブロックを選ぼう

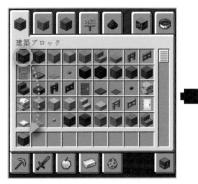

ホットバーに入っている9つのアイテムを使うときには、左から1〜9キーで選んで使おう。

インベントリで、使いたいアイテムをホットバーまでドラッグ＆ドロップ。

いちばん左にある「オークの原木」を使いたいときには、1キーを押すんだ。

② ブロックを置こう

マウスで右クリックをすれば、選んだブロックを置ける。

ブロックが置けるところには黒枠のゲージが出るよ。

マイ うんちく 置いたブロックを壊したいときは、マウスで左クリックしよう。

家の本体部分のつくり方

家の本体部分は、床面からつくり始め、上へと積み上げていくのが基本だよ。

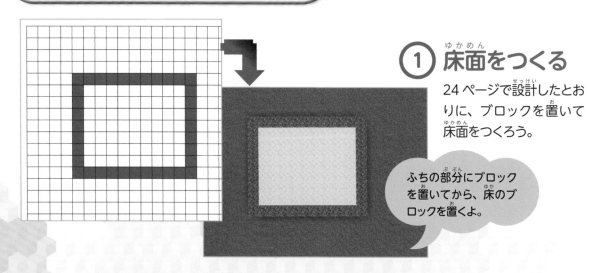

① 床面をつくる

24ページで設計したとおりに、ブロックを置いて床面をつくろう。

> ふちの部分にブロックを置いてから、床のブロックを置くよ。

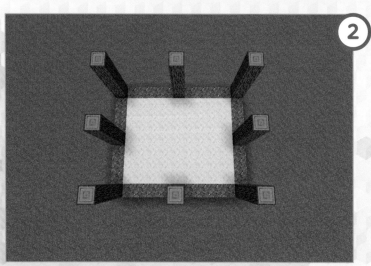

② 柱を立てる

23ページで決めた高さまで、柱を積み上げよう。

マイ うんちく 日本の民家の中央にある、家を支える柱を「大黒柱」というよ。

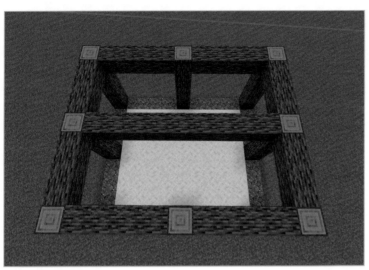

③ 梁をつくる

柱と柱をつなげるように
ブロックを置こう。

これで家本体の枠組み
はできあがったぞ!

実際の家を建てるのと同じ!?

この本で紹介している順番は、実際の家のつくり方と同じ。家の土台となる基礎が出来上がったら、基礎の上に土台を設置し、その上に柱などの骨組みを組み立てていくよ。柱は垂直に、梁は水平になっているか慎重にチェックしながら、屋根の骨組みをつくる。そして、その骨組みが雨にぬれるのを防ぐために先に屋根をつくるんだ。

先に屋根をつくるには
意味があるぞ!

屋根と壁をつくろう

家のイメージを左右する屋根づくり。
ここでは、最初に土台をつくって、
その上に屋根をつくり、壁をつくる方法を紹介するよ。

屋根のつくり方

屋根の基本的なつくり方を学ぼう。
うまくできたら、アレンジにもチャレンジだ！

土台は山のような形に
なっているね。

① 屋根の骨組みをつくる

23 ページで考えた設計図を参考
にして、屋根の土台としてブロッ
クを置こう。

前後に土台をつくるよ。

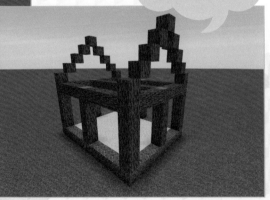

マイ うんちく　ここで紹介するのは「切妻屋根」という屋根のつくり方だよ。

形を整えるため、いちばん上だけ ⬇ ハーフブロックにしよう。

② 棟をつくる

前後の土台をつなげるように、ブロックを配置しよう。

③ 土台に屋根のブロックを並べる

屋根のブロックを、前後の土台の上に置こう。

ココでは三角屋根（切妻屋根）を例に紹介しているけど、屋根の形は自由に変えてもいいぞ！

ぜんぶつなげるとこうなる！

マイ うんちく 切妻屋根は、家の幅のブロック数を奇数にするのがポイント。

④ 前後に 1ブロックずつ 突き出す

屋根ブロックを前後に1つずつ突き出すようにすると、屋根が立体的になるよ。これで完成だ!

屋根をアレンジ!

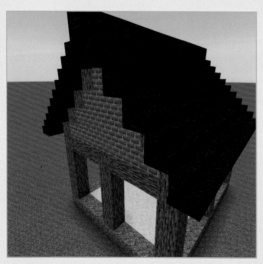

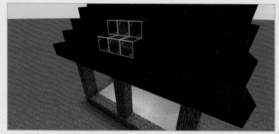

屋根の一部にガラスブロックを使って、天窓をつけてみよう!

屋根のブロックに階段ブロックを使うと、自然な形の屋根になるよ。

マイ うんちく　屋根を緑色にすると、瓦のように見えて和風建築にぴったり!

応募作品の「屋根」を見よう

Minecraft カップの応募作品の家では、どんな屋根がつくられているかな？

Minecraft カップ 2021 応募作品
「自給自足の家」

平たい屋根の上にあるのは、大きな木！いろいろな発想と組み合わせるのも面白いね！

大きな屋根をブロックの組み合わせでバランスよくつくっているよ。

Minecraft カップ 2021 応募作品
「未来の家〜電気の無駄遣いを無くそう〜」

Minecraft カップ 2021 応募作品
「がじゅまぁるランド」

えんとつのような細長い建物のカラフルな色使いと、段々になったブロック屋根が印象的！

マイ うんちく　天井と屋根の間には、屋根裏部屋をつくれるぞ！

⑤ 天井と壁と窓をつくる

柱の間に壁をつくろう。
窓はガラスブロックでつくるよ。

壁のある面すべてに
窓をつくろう。

⑥ ドアをつける

入り口としてドアを置こう。

ハーフブロックや階段
ブロックで、ドアまわ
りを装飾だ！

　マイ うんちく　ドアは木の種類によって見た目が変わるよ。

窓を装飾しよう

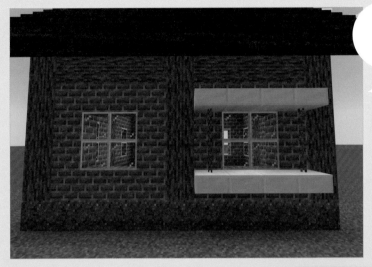

ハーフブロックを
うまく使えば、
出窓風になるよ。

窓でも家の雰囲気が
変わるんだよ。

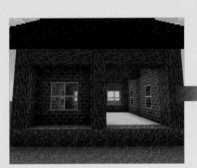

1ブロック分、奥に窓
と壁をつくった装飾に
もチャレンジ！

マイ うんちく　色付きガラスのブロックもあるので、窓に使ってみよう！

家をかざろう

家が完成したら、かざりつけをしてみよう。
イスやテーブル、花だんなど、家の内外に
いろんなものを置いて、キミの理想の家に近づけよう！

イス・ソファ

一人がけのイスから、みんなで座るソファまで、
家にぴったりなものを考えてつくろう。

> 背もたれやひじかけにドアやトラップドアを使ってるよ。

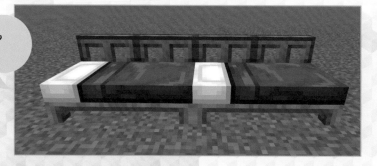

> ベッドでソファもつくれちゃう！

マイ うんちく　階段ブロックを１つ置くだけでも、イスになるよ。

テーブル

一人用から大人数で使えそうなものまで、いろんなブロックでつくってみよう。

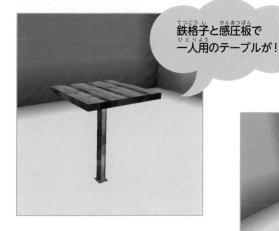

鉄格子と感圧板で一人用のテーブルが！

大きなテーブルなら、パーティーもできちゃうかも！?

白いテーブルは高級感があるね！

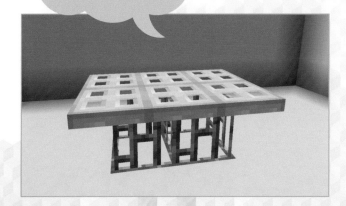

いろんな素材を使ってつくってみよう！

マイ うんちく　テーブルは、イスと組み合わせでつくってみよう。

そのほかの家具

キミの家や部屋にある家具をつくって、居心地のよさそうな家にしてみよう！

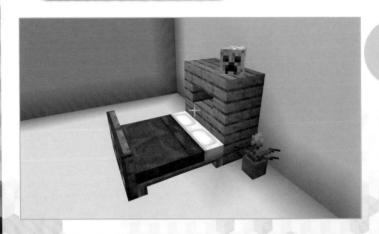

こんなベッドならスヤスヤ眠れそう……。

本棚は本棚ブロックで簡単につくれるよ！

トイレだってつくれちゃうんだ！

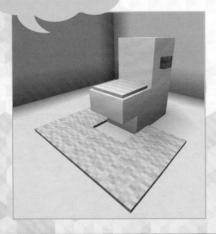

　マイ うんちく　看板や旗などのアイテムも使って、オリジナルの家具をつくろう。

家のまわり

家の外側だって、かざりつけは欠かせない。
みんなが立ち寄りたくなるような家にしよう！

花だんをつくれば、
一気にはなやかに！

ベンチを置いて、みんな
とおしゃべりしたいね。

いろんなブロックで柵
をつくってみよう！

Minecraftカップの応募作品を見てみよう

Minecraftカップの応募作品では、どんな家がつくられているんだろう？
みんなの力作をチェックしてみよう！

Minecraft カップ 2021 応募作品

作品名 障がい者に優しい町　**チーム名** コング＿野生

> 注目してみてほしいところは、道路を車椅子（トロッコ）で通れるようにしたことです。未来までには歩道に車椅子が通れるところがあればいいなと思い作りました。

マイ うんちく　家づくりの参考に、住宅展示場などへ見学に行ってみよう！

みんなが過ごしやすい家の第一歩

キッチンに
お風呂……
どこも快適そうで、
住みたくなっちゃう!

作品名 **未来の家〜電気の無駄遣いを無くそう〜**　チーム名 **八尾遥奈**

家の広さや屋根の形など、
まねしたくなっちゃうね。

マイ うんちく ミッション2のレッドストーン回路を家にも取り入れてみよう！

作品名 **うしいえ**　チーム名 **西岡朗**

部屋の中にお風呂を
わかすようにした工夫が、
面白いね！

マイ うんちく　花だんやすべり台など、家のまわりにもこだわってみよう。

Minecraft カップ 2021 応募作品

作品名　**季節の家**

チーム名　**八重山特別支援学校**

夏にピッタリの家や冬に
ピッタリの家などもいい
かなと想い作りました。

SDGs のテーマにそって、
持続可能な暮らしをするた
めに、家の中に木を育てた
り、鉱物をとったりするとこ
ろを作りました。

Minecraft カップ 2021 応募作品

作品名　**自給自足の家**

チーム名　**飯野夏**

ミッション

2

「未来の学校」を つくろう！

大きな建物をつくってみよう

家づくりで建築の基本を学んだら、いよいよステップアップ。
大きな建物づくりに挑戦だ!
どんなに建物が大きくなっても、つくり方は家と同じだよ。

大きな建物づくりのポイント

大きな建物は、家よりも計画的につくる必要があるよ。受賞作品は Minecraft カップの HP で見ることができる!

① 計画はしっかり立てよう

＼ 考える時間が大切! ／

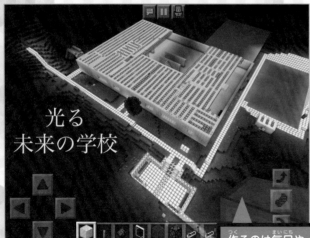

光る
未来の学校

Minecraft カップ 2020 全国大会
大西一平賞　高田豊彬

大きな建物は、計画に時間をかけよう。事前に各階の構成や部屋割り、内部の装飾・装置などを考え、どんなサイズでつくるかを決めておけば、ミスが防げるぞ!

どんなものをつくりたいか、まずはじっくり計画を立ててみるのがおススメだ!

作るのは毎日やっているので、考える時間を重視した。

　マイ うんちく　Minecraft カップを目指すには、つくるスケジュールの計画も必要だ。

② いろんなしかけをつくってみよう

レッドストーン回路（48〜55ページ）を使ったしかけを組み込んで、みんなが楽しめる建物にしよう！

③ Minecraft カップの作品を参考にしよう！

未来への 5つの約束 〜キレイな水の渓谷の洞窟学校〜

受賞作には、大きな建物づくりにいかせるヒントがたくさん！

マイ うんちく　うまく計画できないときには、試作品をつくってみよう。

レッドストーン回路について知ろう

建築のなかで、自動ドアや面白いトラップなどをつくれたら楽しいよね。
そんな願いを叶えてくれるのが、「レッドストーン回路」なんだ。

レッドストーン回路とは？

「レッドストーン」という鉱石の粉で、自動的に動いたり、遠隔で動かせたりするしくみのことだよ。

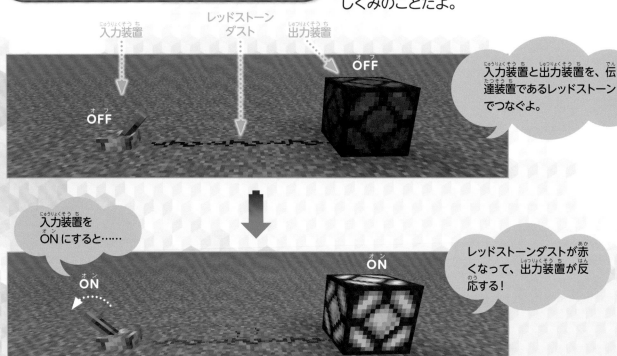

入力装置　レッドストーンダスト　出力装置

OFF

OFF

入力装置と出力装置を、伝達装置であるレッドストーンでつなぐよ。

入力装置をONにすると……

ON

ON

レッドストーンダストが赤くなって、出力装置が反応する！

マイ うんちく　レッドストーン回路の入力装置からは、「レッドストーン信号」が出る。

装置の種類は?

入力装置や出力装置、伝達装置の
代表的なものを紹介するよ!

入力装置

レバー

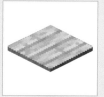
感圧板

レッドストーントーチ

伝達装置

レッドストーンダスト

レッドストーンリピーター

レッドストーンコンパレーター

出力装置

ドア

レッドストーンランプ

ピストン

POINT!
入力装置と出力装置がとなり合っている場合には、
伝達装置でつながなくても反応させることができるぞ。

マイ うんちく 「トロッコが通過する」ことで ON・OFF の入力装置になるものもある。

レッドストーン回路のしくみ

レッドストーン回路をつくるには、いくつかのルールがあるよ。

信号が伝わるのは 15 ブロック先まで

レッドストーンでつなげるのは、15 ブロック先までだ。

15 ブロック以上になると、レッドストーン信号が届かないよ。

反復装置

レッドストーンの途中に反復装置を入れれば、15 ブロック以上でもつなげる！

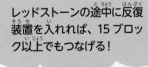

　　マイ うんちく　　つながったレッドストーンダストはレッドストーンワイヤーともいう。

分岐や段差も OK！

レッドストーンダストを分岐させれば、
2つの出力装置を反応させることができる。

1ブロック分の段差であれば、
レッドストーン回路をつなぐことができる！

レッドストーン回路については公式サイトの動画もチェック！

Minecraftカップの
公式サイトにある、
レッドストーン回路
について説明した動
画を見れば、さらに
くわしいことがわか
るぞ！

レッドストーン
回路とは？

マインクラフトカップ2020レクチャー動画
Part7 レッドストーンとレッドストーン回路について

マイ うんちく　レッドストーンブロックは光を発しないため、光源にはならない。

レッドストーントーチ

伝達装置のなかでも、レッドストーントーチは、しくみがちょっと複雑なんだ。

隣接のブロックに動力・信号を送る

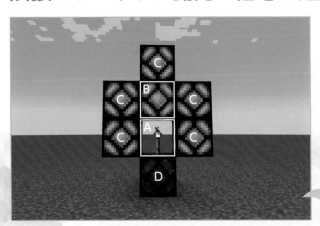

レッドストーントーチは、ブロックの上か側面につけられる入力装置。レッドストーントーチがあるマス（座標）の部分（A）と、トーチが照らす上のブロック（B）を動力源とするよ。動力化によって、AとBそれぞれにとなり合っているブロック（C）には信号が送られ、ランプなどの出力装置であればONになるんだ。

ただし、レッドストーントーチが置かれているブロック（D）には、動力や信号が行かないよ！

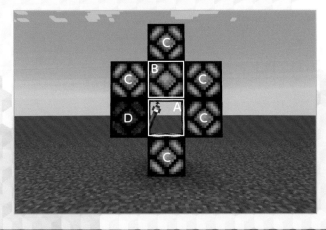

レッドストーントーチをブロックの側面につけた場合も、AとBが動力化し、それぞれの隣接するCに信号が送られる。

マイ うんちく トーチを短時間で動かし続けると、OFFのままになる「焼き切れ」になる。

ほかの信号を受けると OFF に

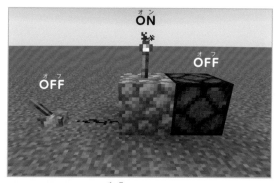

ON
OFF
OFF

つながったレバーが OFF だと、レッドストーントーチは ON。

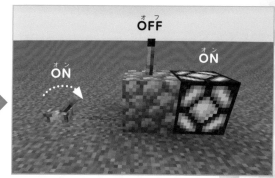

OFF
ON
ON

レバーを ON にして信号が流れると、レッドストーントーチは OFF になる。

ミッション **2** 「未来の学校」をつくろう！

レッドストーントーチについては、動画もチェック！

レッドストーントーチについて、くわしく知りたい場合は、動画を見ればよくわかるぞ！

レッドストーントーチについて

マイクラおじさんの
ゲーム教育
トーチの鬼になりたいというそこの子どもたち必見です

マイ うんちく トーチを横につけたら、同じ座標の地面にはレッドストーンを置けないので注意！

基本の3つの回路

Minecraftでは、ここで紹介する3つの
レッドストーン回路が多く使われているんだ。

NOT回路　レッドストーントーチの性質を使った回路

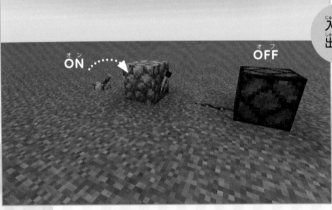

入力装置をONにすると
出力装置がOFFになる。

開いていたドアが、近づい
たとたん閉まる……なんて
トラップに使えそうだね！

入力装置をOFFにする
と出力装置がONになる。

マイ うんちく　「NOR回路」は入力装置のどれかをONにすれば出力装置がOFFになる。

OR回路 入力装置のどれかが ON なら反応する

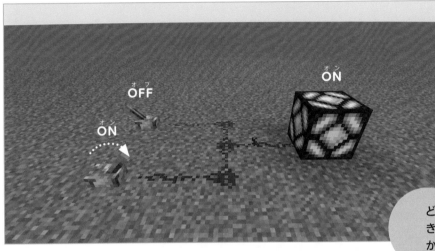

OFF

ON

ON

つながった入力装置のうち、どれか1つが ON であれば、出力装置も ON になる。

> どこからでも ON・OFF できるランプ……とか、いいかもね！

AND回路 すべての入力装置が ON なら反応する

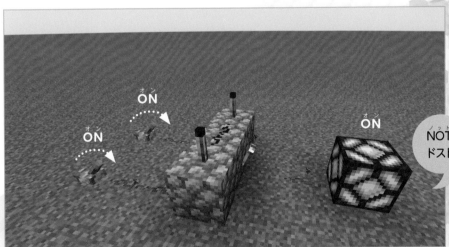

ON

ON

ON

つながった入力装置のうち、すべてが ON になれば、出力装置も ON になる。

> NOT 回路のように、レッドストーントーチを使うよ。

マイ うんちく 「NAND 回路」はすべての入力装置が OFF になれば出力装置が ON になる。

レッドストーン回路活用法

Minecraftカップの作品では、レッドストーン回路を学校の建築にどのように使っているか、見てみよう。

Minecraftカップ 2020 全国大会
小学校低学年部門・優秀賞　ピョコ太郎

学校の外にオリジナルの４段ピストンエクステンダーを作りました。ピストンの押し引きの順番どおりに信号を送るのに苦労しました。

Minecraftカップ 2020 全国大会
ファイナリスト　川島蒼太

中庭の電灯が夜になるとつくようにしました。

位置: 1017, 63, -8

位置: 1081, 110, 46
Agent の位置: 1045、71、60
Let's go to school!
minecraftcup

マイ うんちく　レッドストーンダストもブロックの一種として存在している。

Minecraft カップ 2020 全国大会
審査員賞・Kazu 賞　須崎有哉

レッドストーン回路は、校長先生
のかくし部屋や音楽室のライト
などに設置しました。

Minecraft カップ 2020 全国大会
大賞　浦添昴

できたての給食を運ぶトロッコに、
レッドストーン回路を使っています。

マイ うんちく　TNT は、レッドストーン信号を受けると爆発する。

学校を建築してみよう！

大きな建築の代表ともいえる学校は、
Minecraftカップ2020のテーマにもなっていたんだ。
キミの理想の学校を、キミの手でつくってみよう！

どんな学校にする？

これまでにない学校にするか、それとも今ある学校を変えたものにするか、考えてみよう。

Minecraftカップ
\ 参加者はこう考えた！/

Minecraft カップ 2020 全国大会
審査員賞・コロコロコミック賞　吉川岳人

みんなが行きたくなるような、かっこいい
お城の学校がいいな、と思いました。

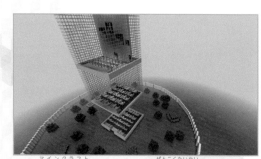

Minecraft カップ 2020 全国大会
髙崎正治賞　リュウトラゴン

球体から伸びている柱により、水の循環と電
力の供給を行っています。

みんなの考えた作品はどれも
ワクワクするものだね！

マイ うんちく　Minecraft カップ 2020 全国大会では、20 作品が最終審査に残った。

設計してみよう

どんな学校をつくるか決めたら、設計図を描いてみよう。広さ(幅と奥行)と高さのブロック数から決めていこうね。

外観のイラストを描いて、だいたいの高さや広さを決めるのが、設計の第一歩だ!

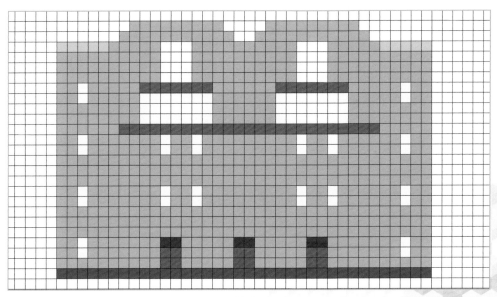

各階ごとの、部屋やサイズを決めていこう。

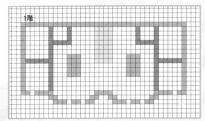

1階

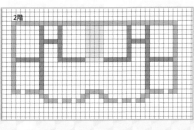

2階

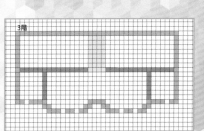

3階

マイ うんちく　2階建て以上の建築では、階段やエレベーターの位置も決めておこう。

つくる施設を考えよう

教室などの屋内施設や、校庭などの屋外施設など、どんな施設をどこに・どんな大きさでつくるかを考えよう。

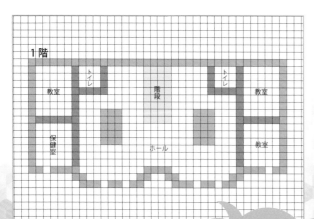

1階

トイレ　教室　階段　トイレ　教室　保健室　ホール　教室

いろんな施設を組み合わせよう！

屋内施設は、各階ごとに考えておく必要があるよ。

校庭などの屋外施設は、学校とのバランスを考えてつくってみよう。

　マイ うんちく　施設づくりで迷ったら、まずは実際の学校を参考にしてみよう。

計画を立てよう

作品づくりでは計画が必要だ。
チームで制作するときは、とくに役割分担は細かく
決めておこう。

Minecraft カップ受賞者の計画は？

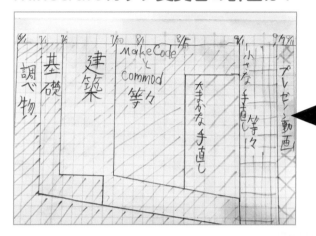

Minecraft カップ 2022 全国大会
映像クリエイティブ賞　雄太朗と柊吾

プレゼン動画をつくることまで含めて計画を立てました。いっしょに作業できる時間がなかなか取れませんでしたが、どの場所をだれが・いつまでに・どのようにつくるか決めておいたのでスムーズでした。

計画の極意！

① 建築だけでなく、アイデア出しやプレゼン準備も計画に入れよう。

② だれが・どの部分を・いつまでに・どんなふうにつくるかを決めよう。

③ よゆうをもった計画を立てよう。

ここまで準備できたら、あとはつくるだけ！　ミッション1の家のつくり方を参考にして、学校もつくってみよう！

マイ うんちく　制作中はときどき現状を確認して、計画を見直すようにしよう。

Minecraftカップの受賞作を見てみよう

Minecraftカップ2020全国大会は「未来の学校」がテーマだったんだ。
受賞したみんなは、どんな学校をつくったのか見てみよう!

Minecraft カップ 2020 全国大会　大賞

作品名 **未来への 5 つの約束**　　　　チーム名 **浦添昴**
~キレイな水と渓谷の洞窟学校~

> 大きな山をくり抜いて、学校をつくったんだ!

マイ うんちく　未来の学校のエネルギー源は何になるかを考えてみよう。

作品名 **レッドストーン小学校**　　チーム名 **りゅうき**

作品名のとおり、
レッドストーン
回路の装置を
たくさんつくったよ！

マイ うんちく　自分の学校に「あったらいいな」と思うものを作品に入れてみよう。

作品名 **光る　未来の学校**　チーム名 **しょうた**

光る
未来の学校

> 別の星で見つけた、
> 新しい発電素材で
> 作られた学校！

マイ うんちく　学校をつくる場所によって、建築のしくみが変わってくるよ。

Minecraft カップ 2020 全国大会 Microsoft 賞

作品名 **Sea school** チーム名 **原田優月**

つがる市立育成小学校

原田優月

> 学校があるのは、
> なんと海の中！
> ここで勉強したら
> 楽しそう！

Minecraft カップ 2020 全国大会 コロコロコミック賞

作品名 **天空の学校**
西洋のお城と日本のお城 チーム名 **吉川岳人**

> 未来の学校を
> ヨーロッパの城で、
> 体育館を日本の城で
> 表現したよ！

マイクラカップ2020　　未来の学校

吉川 岳人 「天空の学校」

マイ うんちく テーマが「未来」でも、歴史的な建築っぽくしても OK だ！

65

Minecraft カップ 2020 全国大会 髙崎正治賞

作品名 未来の学校〜気候変動に強く、地産地消に取り組む学校〜　**チーム名** リュウトラゴン

未来の学校
〜気候変動に強く、地産地消に取り組む学校〜

気候変動に対応できるよう、空中に浮いている学校なんだ。

Minecraft カップ 2020 全国大会 Kazu賞

作品名 ゆっぴースクール　**チーム名** 須崎有哉

SDG'sの取り組みとして、風力と太陽光の再生エネルギーを使ったり、二酸化炭素のエネルギー開発研究所を作りました。

みんなに優しく
地球に優しい
自給自足に
リサイクル
楽しい仕掛けや
ゲームもあるよ

ゆっぴースクール

マイうんちく　雨や雷など、自然現象も作品づくりに取り入れてみよう！

ミッション

3

生き物と人がつながる
「建物」をつくろう!

テーマに合った作品をつくってみよう

環境問題や多様性、SDGs……。

そんなテーマに合わせた建築やワールドを

つくることが、Minecraftカップへの道につながっている！

Minecraft カップのテーマって？

「どんなことが起こるかわからない」といわれている未来を生き抜くために、

さまざまなテーマに取り組んでみよう！

Minecraft カップの歴代テーマ

第1回(2019年) スポーツ施設のある僕・私の街

第2回(2020年) 未来の学校
〜ひとりひとりが可能性に挑戦できる場所〜

第3回(2021年) SDGs 時代のみんなの家、未来のまち

第4回(2022年) 生き物と人と自然がつながる家・まち
〜生物多様性を守ろう〜

第5回(2023年) 誰もが元気に安心して暮らせる持続可能な社会
〜クリーンエネルギーで住み続けられるまち〜

Minecraft カップのテーマは、キミたちが未来を生きるうえで大切なものばかりなんだ。

マイ うんちく Minecraft カップでは、指定の SDGs 目標の中から 1 つ以上作品に盛り込むことになっている。

未来で生きる力をつける

テーマに合った作品をつくって、未来を生きる力が身につけよう。

問題解決能力が身につく

テーマに合った建築・ワールドをつくることで、新しい発想やコツコツがんばれる力が身につくぞ！

未来を生きる力をつけよう！

コラボレーションで能力発揮！

みんなでそれぞれの得意なことや、できること、わかったことを持ち寄れば、どんな問題だって解決できる！

IT技術の活用ができるようになる

Minecraftをはじめとしたコンピュータやソフトウェアの技術が、身近な問題の発見・解決には欠かせないぞ！

マイ うんちく キャラバンでは、Minecraftカップの過去の受賞作品を体験できる。

「調べる」ことで作品はレベルアップする！

テーマに合った作品づくりには、「調べる」ことが必要だ。本やインターネット、見学など、いろんな方法で調べれば、キミの作品は一気にレベルアップするぞ！

どうやって調べる？

まずは大まかな意味を調べたうえで、細かい部分を調べていけば、理解しやすくなるよ。

インターネット

動画

→ **百科事典・辞典**

「○○とは何か」という、最初の一歩を知ることができる。

→ **専門書**

事典・辞典で調べたことを、よりくわしく調べることができる。

→ **新聞・雑誌**

過去のある時点で、どんなことがあったのかを知ることができる。

わかりやすく、簡単に調べることができる。

マイ うんちく　くわしい人にインタビューするのも、調べもののひとつだよ。

「調べる」ことのコツ

正しい情報を手に入れたり、実際に見聞きしたりするのが、「調べる」ってことなんだ!

使った資料・サイトはメモしよう

調べるのに使った本のタイトルや著者、サイトの URL や閲覧日時などは、メモしておこう。あとからもう一度調べたいときに便利だよ。

> サイトは内容が変更されることもあるから、いつ閲覧したのかをメモしておこう!

見学・体験して理解を深めよう

いろんな技術や自然のしくみなどは、実際に見たり体験したりしないとわからないことも多い。ぜひ見学や体験をしてみよう!

Minecraft カップ 2022 全国大会　学校賞
津別中学校特別支援

実際の農家さんで農業体験を行い、食べ物のありがたみを実感することができました。

マイ うんちく　実際に見学や体験をして学ぶことを「フィールドワーク」というよ。

「生物多様性」について調べてみよう

Minecraftカップ2022のテーマでもあった「生物多様性」。
いったいどんなことなのか、調べてみよう！

「生物多様性」とは？

地球上にいるすべての生き物がかかわり合い、豊かな個性とつながりを指す言葉だよ。

生物多様性の **3** つのレベル

生態系の多様性

山や海、まちなど、さまざまなタイプの生態系がある。

種の多様性

動物や植物、微生物など、さまざまな生き物がいる。

遺伝子の多様性

同じ種類の生き物でも、遺伝子の違いでいろいろな個性がある。

いろんな生き物がいることが大切なんだね。

※環境省ホームページ「生物多様性とはなにか」より出典
この「生物多様性の３つのレベル」は、生物多様性条約（生物の多様性に関する条約：Convention on Biological Diversity（CBD））の内容にもとづいています。

マイ うんちく 1992年には、国際連合で「生物多様性条約」が採択された。

どうして生物多様性は大切なの？

地球上のすべての生き物は、生物多様性がもたらしてくれる4つの「生態系サービス」によって支えられているんだ。

このように生物多様性がもたらしてくれるものを「生態系サービス」というんだ！

供給サービス

水や食べもの、木材、衣類など、わたしたちが衣食住に必要なものを供給する。

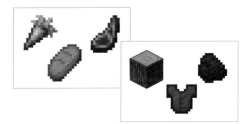

調整サービス

大気や水をきれいにし、気候の調整や自然災害の防止してくれる。

文化的サービス

見て楽しい風景や動植物など、人間の生活を豊かにする自然を与えてくれる。

基盤サービス

植物の光合成や、水の循環、土壌形成などは、すべてのサービスの基盤となる。

マイ うんちく 生態系サービスには、年間100兆ドル以上の価値があるとされている。

みんなはこう調べた！

Minecraft カップ 2022 全国大会の受賞者たちは「生物多様性」をこんなふうに調べたよ。

Minecraft カップ 2022 全国大会
オーディエンス賞　サンゴ森林守り隊

↑ 港川自治会での勉強会の様子

↑ 海の生き物を観察している様子

沖縄県浦添市で、海の豊かさを守る活動をしている港川自治会の勉強会に参加しました。また、サンゴの苗を海に戻す活動に、チームで参加しました。

↑ 水産養殖研究センターでの勉強会の様子

↑ 水産養殖研究センターでのサンゴ苗付け体験や施設見学の様子 ↑

Minecraft カップ 2022 全国大会
プログラミング賞　ゆでたま

気になったことはネットで調べたり、本を読んだり、くわしい人に聞いたりしています。今回は、お米作りに必要な農業用水などは、どのようにしてやってくるのかを調べました。

↑ サンゴ植え付け活動の様子 ↑

↑ チョウハウスでオオゴマダラを見学している様子

調べものも作品づくりの一部だね！

僕の身の回りにあることをワールドの中で再現しました。農業用水は地下水をくみ上げたり、ため池を使っています。どちらにも魚や虫たくさんの生きものがいます。

マイ うんちく　Minecraft カップ 2022 には、426 もの応募作品が集まった。

Minecraft カップ 2022 全国大会
優秀賞　BiodiverCity

ブラジル在住です。日々感じている貧困問題や、アマゾンの森林伐採について、地域社会での取り組みを調べたりしました。また、マイニングを知ろうと、鉱石掘りに行きました。

Minecraft カップ 2022 全国大会
最優秀賞　metale

調べたことで、生物多様性を守る方法は、命が循環する生態系のピラミッドを守ることだと知りました。ピラミッドのなかでは、人間を含めた生物が、それぞれほかの生き物とかかわり、影響し合って「共生」しているのだと思いました。そのため、「人間が生態系を守る」といった、人間がほかの生き物よりも上位にあるかのような考えが正しいのかどうかを、考えるようになりました。

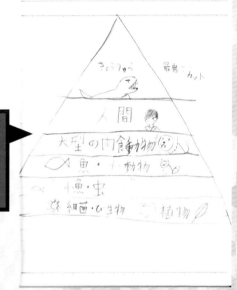

たくさんのフィールドワークをしました

Minecraft カップ 2022 全国大会
クラフター賞　吉川岳人

森林組合やキウイ農園から循環型農業について学び、森林管理の認証である FSC 認証を探してユニクロや GU、スターバックスの袋に使われていることを見つけたりしました。

生物多様性を守るための作品をつくろう

生物多様性を理解できたら、いよいよ作品づくりのスタート！
調べたことをもとにして、生き物と人間が共存できるものをつくってみよう。

作品のテーマを決めよう

生物多様性を守るためにできること・
したいことをテーマにするよ。

砂漠の環境でも
快適に！

クリーンエネルギー
で環境保護を！

循環型社会に
していこう！

「作品テーマ」をワールド上でどのように表現したか

フロートのいえ

船にのったとき
海から見えた
つなみひなん
タワー

シラス漁をヒントにした
2せきであみをひっ張り
ゴミをひろう船

海からゴミをなくし
てきれいに！

マイ うんちく 生物多様性や自然を優先することを「ネイチャーポジティブ」という。

つくる建物を考えよう

作品のテーマに合わせて、「あるといいな」と思える建物をいくつか考えてみよう。

まずは自由にアイデアを出してみよう！

Minecraft カップ 2022 全国大会
エデュテイメント賞　Green Team（CoderDojo 浦和）

作品づくりのテーマを考え、つくるものを決めました。

サンゴ研究所	サンゴ養殖場	橋
サンゴを増やしていくため、サンゴの事を調べる施設	研究所で調べたことをいかして、サンゴを直接増やしていく施設	陸に渡るための橋、埋め立てて道路にしてしまうと、そこで暮らしていた生き物が絶滅して海の環境が悪くなるため、橋にして海の流れを止めないようにした。

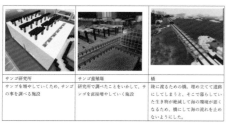

水力・地熱発電所	サンゴとお魚の栄養製作所	未来の自然学校
海の流れを利用して水力を発電している。同時に海にあるゴミを集める仕組みもある。1階には地熱発電もあり、作った電気を使って畑やサンゴの成長を促す人工灯を24時間あてている。天井は雨水が溜まるようなデザインにしていて、その雨水が2階から畑に流れる仕掛けにしている。	電気で動くAIロボットが「All living things Hotel」エリアから動物の糞を自動回収し、それを微生物で分解してプランクトンが豊富なサンゴとお魚の餌を作っている。その餌もレッドストーンを使って自動で海に散布できるような仕組みにしている。	老若男女誰でも通えるSDGsと環境問題が学べる学校。足が不自由な人のために学校内は全てトロッコで移動できるようにし、耳が不自由な人のためにフラッシュランプ（ライトの色で始業業の合図や緊急時を伝えるもの）も置いた。

クリーンサーキュラーエコノミー	水力発電装置で集めた海のゴミを自動で回収する仕組みを持っています。回収したゴミはチェストの中で乾燥させてその後、微生物の入ったチェストに移動して堆肥にしてそれを畑の土にしている所です。電気は水力・地熱発電からの電気を使っています。

Minecraft カップ 2022 全国大会
オーディエンス賞　サンゴ森林守り隊

サンゴを中心に人間と動植物が共生する島として、サンゴのための施設をいくつもつくることにしました。

「生物多様性」を表現しよう

建築やワールドの見た目と機能、それぞれで生物多様性を表現してみよう。

「生物多様性」を見た目で表現

Minecraft カップ 2022 全国大会

まじめにふまじめ！？楽しんでつくったで賞　たくみとしゅんすけ

人間と生き物が共存できるような建物や、自然を活かしたまちづくりなど、いろいろなアイデアがありそうだ！

6月にチームを結成し、まずはお互いのやりたいことを紙に書いてアイディアを出しました。

ぼくたちは、まず生物多様性とは何か、大人といっしょに本やインターネットなどで調べました。その中でとくに「生態系の多様性」に注目。自分の身近にある海や海の生物と仲良くずっと一緒に暮らせるまち、海を守るまちにしたいと思いました。

どのようなことを調べたか

プログラミングなどを、どのように使ったか

　マイ うんちく　日本で絶滅のおそれがある生き物は、2020 年時点で 3772 種。

「生物多様性」を機能で表現

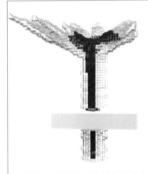 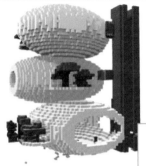

森の木の浄化の仕組みを使った雨水や生活用水の浄水装置

シロアリ塚のエアコンがいらない家

人間が生物多様性を実現しながら生きるには、環境を大切にしながら、快適に過ごせるような機能が必要だ。

Minecraft カップ 2022 全国大会
最優秀賞　チーム高砂小学校

自然のしくみを活かしてゴミを回収したり、快適に過ごせたりする建物をつくりました。

キノコの菌でプラスチックやごみを分解するリサイクル工場

クジラのひげでマイクロプラスチックをキャッチ

Minecraft カップ 2022 全国大会
新人賞受賞作品

グロウストーンによって海水を温め、珊瑚礁や熱帯魚にとって住みやすい海にしました。

マイ うんちく　生物多様性をおびやかす原因には、森林の開発や外来種などがある。

Minecraftカップの受賞作を見てみよう

Minecraftカップ2022のテーマは
「生き物と人と自然がつながる家・まち〜生物多様性を守ろう〜」。
受賞作では、生物のためにどんなワールドがつくられているんだろう?

Minecraft カップ 2022 全国大会　最優秀賞（ジュニア部門）
作品名　**雷さまの方舟**　チーム名　**CC**

空とぶ
雷さまの方舟

雷さま：雷発電
　　　　雨をふらす

いろいろなバイオーム
で生き物を保護

雨水をためる力

はたけ

風力発電

研究所

雷避難地

雷レストラン

雷の力で
環境問題と戦う

01
土地を調査

方舟から探索機が地上へGO!

04
研究

土や植物の研究所があります。

人間が壊して
しまった土地を、
生き物が住める
場所にしていくよ!

マイ うんちく　生物多様性について調べることが、作品づくりにつながる!

作品名 Symphony of Lives（いのちのシンフォニー）

チーム名 チーム高砂小学校

生き物や自然から学んだ技術で、みんなが楽しく暮らすさいたま市
この町にシンフォニーの奇跡がおきる

Symphony of Lives

シンフォニーのかけらゲット

ミッションを
クリアして
シンフォニーを
完成させよう

すべて自作アドオンだよ！

見沼田んぼや町ツアー
で生態系が学べる！

自然が育まれ見沼田んぼに生き物が帰ってきた

様々な自然を残し生き物が町にも住んでいる

Quest1

バイオミミクリー
（生物模倣技術）で、
まちに森の生態系を
実現！

作品名 **巨大樹がつなぐ生命**　チーム名 **metale**

巨大樹に集まる生き物で栄える村

生き物との共生が
できている世界と、
できなかった世界を
表現！

マイ うんちく　「生き物にとって生きやすい環境とは？」と考えてみよう。

Minecraft カップ 2022 全国大会　優秀賞（ジュニア部門）

作品名　**たのしいみらいへレッツゴー！「ごうかきゃくせんタウン」**　チーム名　**まつだせいじゅ**

> 海のプラスチックゴミを減らして、生物との共存を目指す！

Minecraft カップ 2022 全国大会　優秀賞（ミドル部門）

作品名　**BiodiverCity ～ TWIN Town (The World Inside Nature TOWN)**　チーム名　**BiodiverCity**

> どんな人・動物でもアクセスできるように建物をつくっているよ。

マイ うんちく　生物にとって、今の社会のどこがよくないのかを考えよう。

Minecraft カップ 2022 全国大会　優秀賞（ヤング部門）

作品名　**あたらしいがいっぱい**
初島〜 UI Island 〜 地球と共に過ごす暮らしを、愉しみを

チーム名　**CoderDojo 船橋・若葉みつわ台連合チーム**

自然を守るために、人が住む居住区は地下につくったんだ。

初島 ういじま UI Island
地球と共に過ごす暮らしを、愉しみを。

Minecraft カップ 2022 全国大会　オーディエンス賞

作品名　**サンゴのカーミージー**

チーム名　**サンゴ森林守り隊**

サンゴのカーミー〔亀〕ジー〔岩礁〕

中心にあるのは亀の形の島。
「カーミー」は沖縄の方言で亀のこと。

マイ うんちく　人間だって生き物のひとつであることを忘れずにね！

ミッション

4

わたしたちの「作品」を
プレゼンしよう！

理想の「まち」をつくってみよう

建物をつくれるようになったら、
今度は「まち」全体をつくってみよう。
まずは、きみの理想の「まち」を思い描いてみよう！

「まち」のコンセプトを考えよう

「まち」では、どんな人がすんで、どんなふうに生活するのかを考えてみよう！

どんな人が
すむんだろう？

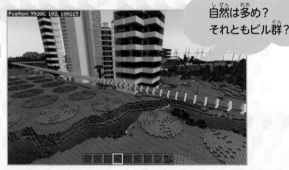

自然は多め？
それともビル群？

皆が暮らしやすい未来の町

自分の住むまちを
モデルにしてもいいね！

便利なまちにするに
は、どうしたらいい？

マイ うんちく Minecraft カップ 2019 のテーマは「スポーツ施設のある僕・私の街」。

「まち」の設計図を描いてみよう

どのぐらいの大きさで、どんな建物をつくるのか
絵に描いて計画を立ててみよう。

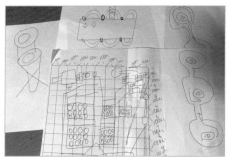

Minecraft カップ 2021 全国大会
優秀賞（チーム部門） Coderdojo Ishigaki

「まち」の様子を、マス目をつけて設計しました。

巨大な住宅群が
完成！

つなげる∞ココロ
〜人も動物も植物も笑顔のまち〜

巨大樹を中心にした
エコシティー

あつまれ！
門馬の森

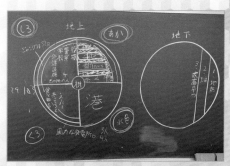

Minecraft カップ 2021 全国大会
ファイナリスト　門馬と愉快な仲間たち

地上と地下に分けて、建物
の配置などを決めました。

コマンドを使ってみよう

Minecraftでは、「コマンド」という命令文を使えば、
大変な作業もかんたんにできたりする。
「まち」をはじめとした大きな作品づくりでは、大活躍するよ!

コマンドの使い方

設定で「チートの許可」をONにすれば(14ページ)、
コマンドを使えるよ!

なんと! 天気が一気に雨に変わったぞ!

キーボードの「T」または「/」キーを押すと、チャット欄が出てくる。

コマンドは Minecraft のルールをコントロールできるものなんだ。

出てきたチャット欄に、コマンドを入力すると……。

コマンドを使いこなせば便利だよ!

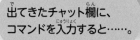

/weather rain

マイ うんちく コマンドはすべて半角で入力するよ(スペースを含む)。

「座標」について知ろう

Minecraft 内での場所を表す「座標」が、コマンド入力では必要だよ。

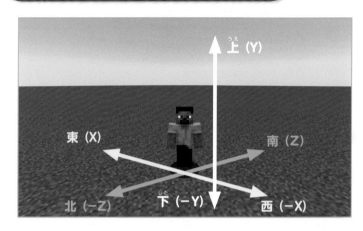

東（X）
南（Z）
上（Y）
北（-Z）
下（-Y）
西（-X）

X・Y・Z 座標で位置を表す

Minecraft 内での位置は、X（東西）・Y（上下）・Z（南北）の値で表すことができる。これが座標だ。東・上・南に行けば値がプラスされ、西・下・北に行くとマイナスになっていく。

自分の座標は F3 キーでわかる

Java 版では、キーボードの F3 キーを押すと、今いる場所の座標が「XYZ:」として表示されるよ。

大事なポイントの座標はしっかりメモしておこう！

-88.702 / -60.00000 / -50.697

マイ うんちく　ここで説明している座標は「絶対座標」と呼ばれている。

コマンドの紹介

ここでは、作品づくりでよく使うJava版のコマンドをいくつか紹介するよ!

テレポートできる「/tp」好きな場所に、すぐに行ける!

コマンド

■=半角スペース

/tp■10■10■10

X座標　Y座標　Z座標

行きたい場所の座標を入力すれば、一瞬で移動できるよ!

自分のいる場所を基準にした座標の示し方

コマンド

X座標の方向　　　　　Z座標の方向

/tp■~10■~10■~10

Y座標の方向

自分のいる場所を基準にできるのは便利だね!

「~(チルダ)」をつけると、現在自分がいる位置を中心にして、X座標・Y座標・Z座標にどれだけ進むかを指定できるんだ。

マイうんちく　「~」を使って指定された座標を「相対座標」と呼ぶよ。

ターゲットセレクター

コマンド
ターゲットセレクター

/tp @s 10 10 10

この場合、コマンドを実行している自分が、X:10・Y:10・Z:10 の座標までテレポートするコマンドになるんだ。

「/tp」などのコマンドでは、そのコマンドを実行したい対象である「ターゲット」を入力できる。その場合によく使われるのは、下のような「ターゲットセレクター」だ。

５つのターゲットセレクター

@p	コマンドの実行位置からもっとも近いプレイヤーがターゲットになる。コマンドの実行者が自分の場合は、自分をターゲットにすることになるよ。
@a	ワールド内にいるすべてのプレイヤーがターゲットになるよ。
@s	コマンドを実行したエンティティがターゲットになるよ。
@e	ワールド内にいるすべてのエンティティ（プレイヤーを含む）がターゲットになるよ。
@r	ワールド内にいるすべてのプレイヤーの中から、ランダムで選ばれたプレイヤーがターゲットになるよ。

マイ うんちく 「/tp @a @s」は、すべてのプレイヤーを自分のもとに集められる。

ブロックで埋める「/fill」 指定した場所をブロックで埋めつくす！

=半角スペース

/fill 10 20 30 15 25 35 stone

↑ ブロックを置く開始位置　　　↑ 終了位置　　　↑ ブロック名

開始位置と終了位置のX・Y・Z座標と、置きたいブロック名を入れればOK！

一瞬でブロックのかたまりが！

ブロック名を空気ブロック（air）にすれば、指定した場所を整地できるぞ！

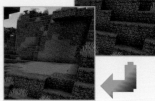

コマンド

/fill 10 20 30 15 25 35 air

↑ ブロックを置く開始位置　　　↑ 終了位置　　　↑ 空気ブロック

マイ うんちく 「/fill」でブロック名を「water」にすると、水をためることができる。

ブロックを置き替える！

「/fill」コマンドの最後に、「置きたいブロック名 replace 現在のブロック名」をつけると、ブロックが置き換えられるんだ。

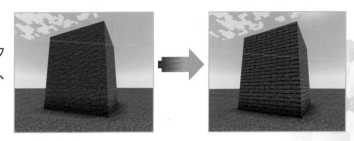

コマンド

/fill ▮10▮20▮30▮15▮25▮35▮oak_plants▮replace▮stone

- ブロックを置く開始位置
- 終了位置
- 置きたいブロック
- 現在のブロック

中身が空の建築ができる！

「/fill」コマンドの最後に、「hollow」をつけると、中身が空っぽの建築ができる。家をたくさんつくるときに使えそうだ！

中を見てみると、空だ！

家の外枠がかんたんにできるね！

コマンド

/fill ▮10▮20▮30▮15▮25▮35▮stone hollow

- ブロックを置く開始位置
- 終了位置
- ブロック名

!注意!

「/fill」コマンドは、ブロックを一気に積み重ねたり、削除できたりする便利なものだけど、座標を間違えると取り返しがつかなくなることもあるので気をつけよう！

マイ うんちく　「fill」は「満たす」「いっぱいにする」「埋める」という意味の英語。

コピーできる 「/clone」 建物や地形をコピー&ペースト!

コマンド

コピー終了位置

 ＝半角スペース

/clone 10 20 30 15 25 35 40 45 50

コピー開始位置

ペーストしたい位置

コピー開始位置と、終了位置の座標を確認しよう。

座標②……

座標①

座標を入れた「/clone」コマンドで、コピーができた!

コピーしたものは南東の方向に現れる

「/clone」でコピー&ペーストするものは、座標がプラスになる方向、つまり南東の方向に置かれるというルールがあるのを覚えておこう。

北西の角の座標を「ペーストしたい位置」に指定すると、思ったとおりのペーストができる。方角は太陽の位置などで確認だ!

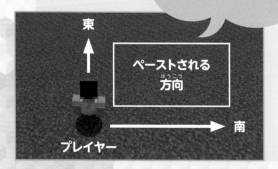

東

ペーストされる方向

南

プレイヤー

マイ うんちく コマンドのヘルプを表示するためのコマンド (/help) がある。

時間を変える 「/time set」 好きな時間帯に変えてみよう!

基本コマンド

■=半角スペース

/time■set■▢

> ▢の部分に、右の表の指定を入れると、好きな時間帯に変えられるよ。

朝	day (または 1000)
昼	noon (または 6000)
夜	night (または 13000)
深夜	midnight (または 18000)

天気を変える 「/weather」 どんな天気がいいかな?

基本コマンド

■=半角スペース

/weather■▢

> ▢の部分に、clear、rain、thunder を入れると、天気を変えられるよ。

- clear…晴れ
- rain…雨
- thunder…雷雨

雪のあるところで雨を降らせると雪になる!

まちづくりにチャレンジしよう！

「あったらいいな」と思える、キミの理想の「まち」。

それをつくるための、ちょっとしたコツを学びながら、

Minecraftの中に生み出そう！

道路を基準にしよう

まちづくりは、まず道路から。住む人が移動しやすいように考えてつくろう。

空中に道路をつけることで、「まち」を構成しているよ。

Minecraft カップ 2021 全国大会
クリエイティブ賞　Coding Lab Japan

まっすぐな道路がカッコいい！　陸だけでなく海にまで走っているね。

Minecraft カップ 2021 全国大会
アイデア賞　SDGs クラフト Kids

～空中道路でいきものたちを傷つけずにくらす～

みんながしあわせに
暮らせる家とまち

　マイ うんちく　道路はアスファルトのようなものだけではなく、木や土でも OK だ！

ランドマークをつくろう

「まち」のシンボルとなるランドマークをつくり、それを中心に「まち」をつくってみよう。

Minecraft カップ 2021 全国大会
Microsoft 賞　てだこマインクラフター

精霊が宿るといわれているガジュマルの樹をランドマークに！

そびえるツインタワーが、未来らしさを演出している。

Minecraft カップ 2021 全国大会
インプレス こどもと IT 賞　チーム逸般人

Minecraft カップ 2021 全国大会
農林中央金庫賞　吉川岳人

守護神である龍などの動物が、未来のまちを守っているぞ！

できた「作品」をプレゼンしよう！

Minecraftカップでは、自分の作品をアピールすることも大切だ。
できあがったキミの「作品」も、
ほかの人にわかるようにプレゼンしてみよう！

プレゼンとは？

プレゼン（プレゼンテーション）は、企画やテーマを
わかりやすく説明する方法のことなんだ。

大きな声と笑顔で話そう。話す内容や順番も大切だぞ！

小学校高学年部門　No2206

未来への **5つの約束**
〜キレイな水の渓谷の洞窟学校〜

映像や画像を使って、
キミの「作品」をわかり
やすくアピールしよう！

Minecraft カップ 2020 全国大会
大賞　浦添昴

　マイ うんちく　企業のプレゼンでは、資料をスクリーンに映して説明することがある。

話す内容と順番は？

プレゼンでは、下の①〜④の順番で話せば、効果的にわかりやすく伝わるぞ！

① この「作品」の すごいところ

> アピールしたい部分を2〜3つ伝えよう。

② どういうふうに すごいのか

> ①の内容を、具体的に話してみよう。

③ どんな工夫をしたのか

> 自分なりにがんばったことを話そう。

④ まとめ

> 作品の大きなテーマなどを伝えよう。

マイ うんちく　プレゼンの前には、話す内容を決め、話す練習をしておこう。

Minecraftカップの応募作を見てみよう！

Minecraftカップには、まちづくりの優れた作品がたくさん！
ここでは、Minecraftカップ2021の
応募作品を紹介するよ！

Minecraft カップ 2021 全国大会　大賞・建築賞

作品名 **EREC - 地球蘇生実験都市 -**　　チーム名 **熊谷武晴**

環境破壊の問題を、
オゾン散布航空機で
解決する
まちづくりだ！

マイ うんちく　空中や水中でも、まちづくりはできるよ！

作品名 つなげるココロ ～人も動物も植物も笑顔のまち～

チーム名 Coderdojo Ishigaki

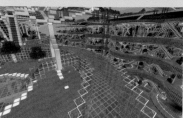

「まちと家の中を
循環する水」で
環境へのココロを
表現しているよ！

マイ うんちく　人間にも生き物にもやさしいまちづくりを目指してみよう！

作品名 **ふクリンシティ**　チーム名 **はやぶさ**

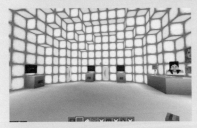

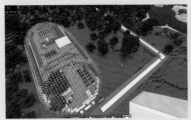

「ふクリン」は、
福祉と
クリーンエネルギーを
くっつけた言葉だ！

マイ うんちく　本やネットで、理想のまちや地域を見つけてみよう。

作品名　**みんながしあわせに暮らせる家と街**
～空中道路でいきものたちを傷つけずに暮らす～

チーム名　**SDGs クラフト Kids**

世界でもっとも SDGs を
実現しているフィンランドを
参考にしたんだ。

Minecraft カップ 2021 全国大会　クリエイティブ賞

作品名　**New CodeTropolis**

チーム名　**Coding Lab Japan**

7 ～ 14 歳の仲間で、
プログラミングをつかって
まちづくりをしたよ！

マイ うんちく　MakeCode などのプログラミングを使えば、複雑なまちづくりもできる！　**103**

作品名 **健康的なりくにやさしい街**

チーム名 **そうすけかいと**

健康的なりくにやさしい街

子供からお年寄りが住める
マンションです。工夫した
ところは自動ドアです。ボ
タンを使ってないから前に
立つだけで開きます。何も
せずに前立つだけで開くの
で安全で自動だからお年寄
りでも大丈夫です。

マイ うんちく　エコなまちにするには、ゴミを活用できるようにしたいね。

ミッション

「Minecraft カップ」にチャレンジしよう！

ミッション ∞
「Minecraft カップ」とは

「Minecraftカップ」は、教育版マインクラフトでつくった作品を
応募できるコンテストのこと。
作品は日本全国だけでなく、海外からも送られてくるんだ。

どんな大会なの？

学校教育の現場で使われている
「教育版マインクラフト」でつくられた作品の大会だ！

個人はもちろん、グループ
での参加もOK！ みんな
で参加してみよう！

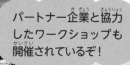

パートナー企業と協力
したワークショップも
開催されているぞ！

「教育版マインクラフト」で、
プログラミングやデジタルな
ものづくりに触れてみよう！

これまでの大会

2019 年に開始し、2023 年で 5 回目の開催になる Minecraft カップは、こんなテーマで行われたよ。

2019年

スポーツ施設のある
僕・私の街

2020年

未来の学校
～ひとりひとりが可能性に挑戦できる場所～

2021年

SDGs 時代のみんなの
家、未来のまち

2022年

生き物と人と自然がつな
がる家・まち～生物多様
性を守ろう～

2023年

誰もが元気に安心して暮らせる持続可能な社会
～クリーンエネルギーで住み続けられるまち～

異なる性別や年齢、国籍、人種の人たちが、個性や能
力を発揮できる「ダイバーシティ＆インクルージョン」
や、エネルギーの問題の解消などを表現しよう！

マイ うんちく　Minecraft カップのコンセプトは「ひとりひとりが可能性に挑戦できる場所」。

Minecraft カップに参加するには

Minecraftカップは、毎年春ごろに応募についての発表がある。
その内容に従って、作品づくりの準備をしていこう！

キミの住むブロックを選ぼう

Minecraft カップは、全国 13 地区ブロックで地区大会予選と本選を行い、
全国大会に出る作品を選ぶんだ。

全国大会では、各地区ブロックの代表作品を部門ごとに審査するよ！

13 地区のブロックの中から、キミの住む地区を選んで作品を応募するよ。

北海道海外ブロック

東北ブロック

北陸ブロック

沖縄ブロック

北関東信州ブロック

南関東ブロック

中国ブロック

東京ブロック

北九州ブロック

南九州ブロック

東海ブロック

四国ブロック

近畿ブロック

マイ うんちく 複数の地区のメンバーがいたら、応募はどの地区にするかを話し合おう。

大会のスケジュール

スケジュールは毎年異なるけれど、ここでは2023年のものを紹介するよ！

4月
参加登録の受付開始・テーマ発表

6月
作品の応募受付開始

8月末
作品の応募受付終了

9月中旬～下旬
地区大会予選

地区ブロックごとに、オンラインでの相互投票（ピアボーティング）が行われるよ。

10月～12月
地区大会本選

地区ブロックごとの公開審査を行うよ！

2月11日
全国大会・表彰式開催

各分野の専門家や、大会パートナーが審査！

Minecraft カップに参加するための手続きや、
やるべきことを確認しよう！

STEP 1

大会にエントリーする

エントリー可能期間内に、参加登録
ページにアクセスしよう。必要事項を
入力して申し込もう！

※登録には保護者の同意が必要です。

STEP 2

チームをつくる

チームは右の 3 部門のいずれ
かで、1 名〜最大 30 名でつく
ることができる。ただし、参加
できるチーム数は、ひとり 1
チームだけだ。
※満年齢は、その年の 4 月 1 日時点のもの。

ジュニア部門
チームの最年長が小学校 3 年生以下 (満 9 歳以下) で
編成されたチーム

ミドル部門
チームの最年長が小学校 6 年生以下 (満 12 歳以下) で
編成されたチーム

ヤング部門
チームの最年長が高校生以下 (満 19 歳以下) で
編成されたチーム

　マイ うんちく　参加登録をすると、Minecraft カップに関するさまざまなお知らせをもらえる。

STEP 3

環境を用意する

Minecraft カップに参加するには、「教育版マインクラフト」が必要だ。利用方法は 112 ～ 115 ページを確認しよう。

STEP 4

どんなワールドをつくるか考える

テーマに合わせて、どのようなワールドをつくるべきか、チームメンバーでじっくり相談しよう。

レッドストーン回路などの使い方も確認だ!

STEP 5

ワールドをつくる

教育版マインクラフトで制作を開始! マルチプレイで、チームで協力しながら作業を進めよう。

STEP 6

大会に応募する

作品データをはじめとした必要なデータを、マイページからアップロードすることで応募が完了!

マイ うんちく　スケジュールやチームメンバーの役割も決めておこう。

教育版マインクラフトについて知ろう

Minecraftカップの作品づくりで使う「教育版マインクラフト」は、
Minecraftを、プログラミング教育や情報教育などの
教材として使えるようにしたものなんだ。

大会参加に必要なのは？

Minecraft カップに作品づくりで参加するために必要なものを、大人といっしょに確認しよう！

大会参加に必要な環境

☑ ① PC ／タブレット（Windows10、Windows11、Mac OS、iPad、Chromebook）

☑ ② 通信インターネット環境

☑ ③ 教育版マインクラフト（Minecraft Education）のライセンス ※1 ※2

※1 学校などの教育機関では、すでに教育版マインクラフトのライセンスを所持している可能性がありますので、学校の管理者などに確認してください。
※2 基本的に大会事務局での教育版マインクラフトの無条件での無償貸与はいたしませんが、定めた条件で申請をいただいた場合に限り、アカウントを提供させていただく予定です。

教育版マインクラフトのライセンスについては、こちらからご確認ください。

保護者の方へ

教育版マインクラフトの導入、および「Microsoft 365」のアカウント作成は、保護者の方が行うか、もしくは保護者の方が立ち合いのもとで行っていただけますよう、お願いいたします。

マイ うんちく　教育版マインクラフトは、ICT 教育に使えるものでもある。

教育版マインクラフトとは？

教育版マインクラフトがどのようなものかを知っておこう！

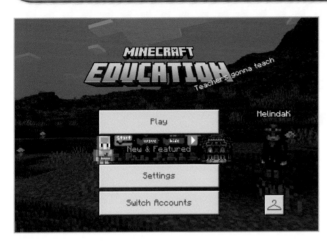

教育版マインクラフト（Minecraft Education）は、学校などの教育現場で学習用として使えるようにした、Minecraft の教育向けエディションなんだ。

> 教育版マインクラフトじゃないとできないこともたくさん！

教育版マインクラフトでできること

プログラミング
Microsoft MakeCode というプログラミング環境が用意されているぞ！

クラスルームモード
先生と児童・生徒で一つのワールドに入り、共同作業ができる！

限定のワールドテンプレート
数学や理科などで使えるワールドテンプレートで、学習ができる！

限定アイテム
教育版マインクラフト限定のアイテムがある。

教育版マインクラフトの導入

教育版マインクラフトを使うには、ライセンスの購入が必要なので、
大人といっしょに操作しよう！

STEP 1

公式ホームページから、Microsoft Store でパソコンにインストール

教育版マインクラフトのアプリは、公式サイトから Store にアクセスして、手に入れましょう。端末に合ったメニューを選んでアクセスしたら、画面の指示に従って教育版マインクラフトをインストールしてください。

教育版マインクラフトを
手に入れるには？

STEP 2

Microsoft 365 アカウントを作成して人数分のライセンスを購入

Microsoft 365 アカウントを「組織」として作成（たとえ個人利用でも「組織」として作成する）したうえで、人数分のライセンスを購入する必要があります。アカウント作成およびライセンス購入は、公式サイトより行えます。

Microsoft365 アカウント作成とライセンス購入はこちら→

教育機関ですでにアカウントを所持している場合はこちら→

マイ うんちく　教育版マインクラフトの公式サイトで、必要な PC のスペックをチェック！

STEP 3

Microsoft 365 管理センターで
ライセンスのユーザー登録を行う

Microsoft 365 管理センターにアクセスして、教育版マインクラフトの使用者がサインインするための、ユーザー登録を行います。購入した人数分のライセンスすべてに対し、ユーザー登録をしましょう。

STEP 4

登録したユーザー情報で
サインイン

ユーザー情報を登録したら、そのユーザーのメールアドレスとパスワードで、教育版マインクラフトにサインインができるようになります。教育版マインクラフトを起動して、サインインしてみましょう。

教育版マインクラフトの導入に関しては、右の QR コードより動画でもご案内しています。

マイ うんちく　マルチプレイをする場合、同じ組織内でライセンスを購入する必要がある。

受賞作が できるまで

① CC さん

Minecraftカップで受賞した人は、どんなふうに作品づくりをしていたんだろう。まずは2022年受賞のCCさんの作品づくりをチェック!

2022 全国大会・最優秀賞 (ジュニア部門)

作品名 雷さまの方舟

チーム名 CC

雷の力で生物の種を守る「方舟」をメインにした作品だよ。

人間と生き物が楽しく生きられるしかけがたくさん!

マイ うんちく　CCさん「絵本『バーバパパのはこぶね』から作品を思いつきました」

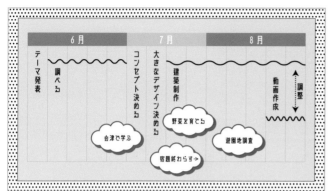

野菜を育てる
会津で学ぶ
宿題終わらず→
遊園地調査

6月	7月	8月
テーマ発表　調べる↓	コンセプト決める↓　大きなデザイン決める↓　建築制作	動画作成　調整

計画を立てて作成開始!

テーマが発表されてから、応募までの予定を立てました。応募の期限は夏休み最終日を目標に、動画作成の時間をとって逆算しました。

夏休みの宿題は7月中に終わらせて、作品づくりに集中しました!

生物多様性について勉強!

住宅展示場や科学未来館などで生物多様性について勉強し、MakeCode での植林で、木の種類や植える間隔などの参考にしました。

夏休みには、環境保護をしているおばちゃんとおじちゃんに話を聞きました。

積水ハウス住宅展示場
The Gravis
シャーウッドSHE江添
積水ハウス株式会社

科学未来館

生き物の観察

みんなの庭

森の多様性を守る

自分で育てる

学びから作品づくりへ!

学んだことを作品に取り込み、雷のエネルギーで「雷さまの方舟」を動かすようにしました。MakeCode での植林の動きは、うまくいくまで何度もやり直しました。

雷さま
コマンドブロック
メイクコード
レッドストーン
メイクコード
レッドストーン
風力発電　植林　エレベーター　遊具　バイオマス発電

レッドストーン回路は、遊園地やエレベーターの制作に使いました。

ミッション ∞

受賞作ができるまで
②チーム高砂小学校のみなさん

チーム高砂小学校のみんなは、自分たちが住むさいたま市を調査し、
「未来のさいたま市」を作品にしたんだよ。

作品名 Symphony of Lives （いのちのシンフォニー）

チーム名 チーム高砂小学校

バイオミミクリー（生物模倣技術）で、森の生態系を実現！

ワールドの形は、メンバーが住むさいたま市の形に！

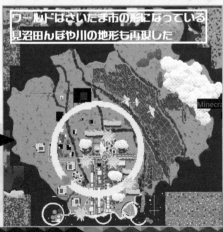

　マイ うんちく　チーム高砂小 「ぼくたちが住むさいたま市の未来の姿を作品にしました」

見沼田んぼに昔はたくさんいたシロサギの生態を調べた

巣が減っていることも知った

いきものたちが暮らしやすい光が漏れない高速道路をつくった

生き物のつながり学ぶ

見沼田んぼのツアーに参加した

NPCで生き物や自然についての考えや自分達が生活でチャレンジしている取り組みを紹介

自分たちができそうなことからチャレンジしているよ

共生について思う事

見沼田んぼで学んだこと

身近な地域を調査!

自然と人の文化の両方が残されている「見沼たんぼ」を調べたことをきっかけに、バイオミミクリー（生物模倣技術）というしくみを思いつきました。

バイオミミクリーは、自然のしくみを活かして、人の暮らしを豊かにする技術のことです。

バイオミミクリーでまちづくり!

バイオミミクリーで陸と海の豊かさを守ろうと、木やシロアリのアリ塚、ハチの巣などを模倣した建物をつくりました。

サンゴのように、海水の二酸化炭素を原料にするコンクリート工場もつくりました!

森の木の浄化の仕組みを使った雨水や生活用水の浄水装置

シロアリ塚でエアコンがいらない家

ハニカムハウスはとても強い、狭いベランダに木も植えられる

キノコの菌でプラスチックやごみを分解するリサイクル工場

クジラのひげでマイクロプラスチックをキャッチ

ひげをBlockbenchで作った

サンゴのレシピで海中のCO2からコンクリートを作る

※ 森の役割をしている街が見沼田んぼと豊かな自然を守る

スタート画面、NPCやサウンド、アニメーション、エフェクトなどたくさん自作した

Quest1

NPCはAIの声で話しかけてくれる

シンフォニーのかけらゲット

エフェクトやアニメーションや音もでる

マイクラのスタート画面

オリジナルアドオンやMakeCodeやレッドストーン回路を作った

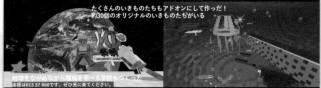

たくさんのいきものたちもアドオンにして作った！約30個のオリジナルのいきものたちがいる

UKANOHE'S LANGO

地球をながめながら地域を学べる学校つくった

座標は613 37 660です。ぜひ見に来てください。

独自のミッションを作成!

生き物や自然と人が豊かに暮らすためのミッションで、信号の受発信などにコマンドブロックと MakeCode とレッドストーン回路を使っています。

作品内に出てくるキャラクターづくりには、3D モデリングソフトを使いました。

ミッション ∞

受賞作が
できるまで

③ metale さん
（ミーテール）

生き物と共生ができるかどうかは、私たち人間の選択で決まる——
そんなメッセージを伝えるために、metaleさんは
巨大樹のあるワールドをつくりました。

2022 全国大会・最優秀賞（ヤング部門）

作品名	巨大樹がつなぐ生命
チーム名	metale（ミーテール）

すべての生き物をつなぐ巨大樹。じつはそこに秘密が……。

巨大樹の中は、1〜4階にわたる空洞（洞）になっているんだ!

マイ うんちく　metale（ミーテール）さん「村の人たちは巨大樹を大切にしながら暮らしています」

スケジュールは3週間

作品づくりのために、約3週間の大まかなスケジュールを立てました。計画にそって作成したところ、プレゼン用のムービーと作文作成がもっとも大変でした。

ワールドづくりの前に、巨大樹のイメージとなるスケッチを描きました。

異なる2つの世界を表現

「人間と生き物が共生している世界」と、「人間が生き物を制御しようとした世界」という、2つの世界を表現しています。そこから、「人間が生態系を守る」という、人間が生態系の頂点に立つかのような考えが正しいのかどうかを、考えられるワールドにしました。

この2つの世界の違いは、人間と生態系の関係において、「共生」と「制御」という選択の違いでしかなく、何かひとつ違えば、どちらの世界もいっしょに滅んでいたかもしれないという表現として、橋でつないでいます。

橋のところにトリップワイヤーフックを使い、踏んだら花火が上がるようにしました。

風車にはコマンドを使用

自動ドアにレッドストーン回路を、風車を回すためにコマンドを使いました。風車は4機ありますが、1つは壊れて動かない設定にしています。

ミッション ∞
次のチャレンジャーはキミだ！

Minecraftカップでは、毎年みんなの挑戦を待っている。

ここまでミッションをクリアしてきたキミこそが、
Minecraftカップへのチャレンジャーになれる！

だれでも参加できる！

Minecraft カップは、みんながそれぞれ自分なりの力で参加できる大会なんだ。

「ひとりひとりが可能性に挑戦できる場所」が Minecraftカップのコンセプト

個人で作品づくりの力試しをしても OK！

学校や教室の仲間でのチャレンジも大歓迎だ！

これまでにないワールドづくりに、みんなで挑戦！

　マイ うんちく　全国大会では、最優秀賞や優秀賞、奨励賞などのアワードがある。

審査基準

Minecraft カップでは、下の 6 つのポイントで審査を行うよ。
※審査基準は開催年によって変更することがあります。

構想力
大会のテーマについて考え、他の作品にはない自分の作品だけにある要素やポイントを考えだし、文章や絵でまとめたり、設計図などにして、イメージをふくらませることができたか。

調査力
大会のテーマについて本やインターネット、動画などでいろいろな場所やものがしらべられているか。さらに提出物や発表時に何をしらべたかしっかりと伝えられているか。

技術力
ワールドの建物などを手作業だけでなく MakeCode で組んだプログラムでも作れたか。さらにレッドストーン回路やコマンドブロックをつかって新しいしかけを作ることができたか。そのしかけがきちんと動いているか。

計画遂行力
作品を作る前にどのように進めていくか、考えることができたか。スケジュールやカレンダーなどを作成して計画を立てられているか。必要な情報や技術、チームの場合は仲間を集めるための努力をしているか。問題が発生したときは、どうするかを考え、予定通りに進められなかった場合も、最後まで完成させるために行動できたか。チームワークを高めるために、メンバー同士が協力して作品制作を進められたか。

テーマ性
大会のテーマをワールドの中で表現できているか。提出物や発表時に、テーマについて何を考えて作ったかをしっかりと伝えられるか。

表現力
動画や画像、発表時において、作品を人に見せるときに、見た目の効果や演出、表現の良さなど、作品の魅力をしっかりと伝えることができているか。話し方や構成、演出、動画作りにおいて作品を作った背景やコンセプトを説明することで、見ている側が作品をよく理解し、共感してもらえるようにできたか。

キミの挑戦を待ってるよ！

オリジナル MakeCode プレゼント！

Minecraftの世界で、パズル感覚でプログラミングができるMakeCode。
そのオリジナルプログラムを、読者のみなさんにプレゼント！
MakeCodeのくわしい説明は、右のQRコードから動画をチェック！

MakeCode の使い方（教育版マインクラフト）

キーボードの「C」キーを
押すと、MakeCode の
画面が出てくるよ！

まずはチュートリアルで、
使い方を学んでみよう。

オリジナルプログラム

今回は次の3つのプログラムをプレゼント！

家
(house.mkcd)

ビル
(building.mkcd)

バスケットコート
(basketball.mkcd)

オリジナル MakeCode データの使い方

① **オリジナルプログラムをダウンロードする**

プログラムデータのダウンロード URL

ポプラ社のホームページから、この本『今日からはじめる！マインクラフト建築入門 BOOK』の書籍紹介ページにダウンロードする入口があるよ。ダウンロードしたファイルは、パスワードがかかっているので、書かれているパスワードを入れて解凍して使ってね！

パスワード	**poplar**

https://www.poplar.co.jp/book/search/result/archive/2900505.html

ここからデータをダウンロードして、自分のパソコンに保存しよう。

② **ダウンロードしたデータは、MakeCode のホーム画面の「プロジェクトを読み込む」のボタンからインポートできる。**

インポートすると、プログラム画面になる！

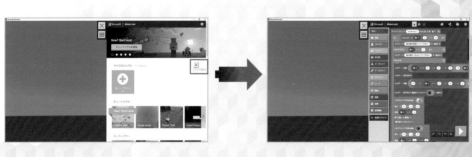

次のページに続く

③ チャット欄でサイズを引数で指定

MakeCode の実行ボタンを押そう。

キーボードの「T」キーでチャット欄を出し、下の表を参考にコマンドでサイズを指定するよ。

チャット欄に入力する引数の指定

house.mkcd と building.mkcd	**house（もしくは building）幅の数 高さの数** → house.mkcd で、幅を 5 ブロック、高さを 7 ブロックにしたいなら、「house 5 7」と入力。
basketball.mkcd	**basketball 7 以上の奇数** →引数でコートの大きさを変更できる。

※スペースはいずれも半角で入力。

コマンドを実行したら、もうできてる!

注意!

MakeCode のプログラムを動かしているときにプレイヤーを動かすと、つくりたいものの位置がズレてしまうことがあるので、動かさないでね!

おわりに

Minecraft の楽しさを見つけよう

みなさん、いかがでしたか？ 4つの
ミッションから、Minecraft のクリエイ
ティブモードでの遊び方を学ぶことはでき
たでしょうか？

「読んだけど、うまくいかない」という
声もあるかもしれませんが、Minecraft
は「うまくいく」ことが目的のゲームでは
ありません。間違ったり修正したり……を
くり返し、ひとりひとりにとっての「楽し
さ」「正しさ」を追求するものなのです。

まずはチャレンジを！

Minecraft ですばらしい作品を
つくるにも、Minecraft カップに
チャレンジするにも、まずはプレイ
を開始し、作品をつくり続けること
が大切です。そして、その次の目標
は自分の手で探してみよう。

さぁ、Minecraft の世界で、み
なさんのイマジネーションを形にし
ていきましょう！

マイクラの世界は無限大！
広いこの世界への冒険に出かけよう。
そして Minecoraft カップへの
チャレンジを待ってるぞ！

今日からはじめる！マインクラフト
建築入門BOOK

2023 年 12 月　第 1 刷
2024 年 9 月　第 3 刷

文・構成：菅原嘉子
監　　修：タツナミシュウイチ

協　　力：Minecraft カップ運営委員会事務局

発 行 者：加藤裕樹
編　　集：宮尾るり
発 行 所：株式会社ポプラ社
　　　　　〒 141-8210 東京都品川区西五反田 3-5-8 JR目黒MARCビル 12 階
　　　　　ホームページ　www.poplar.co.jp

印刷・製本：大日本印刷株式会社
デザイン：FROGKINGSTUDIO
Ｄ Ｔ Ｐ：株式会社アド・クレール